FELIX BEUKEMANN

FILLOMINO 2

102 NEUE RÄTSEL

Bibliografische Information der
Deutschen Nationalbibliothek

Die Deutsche Nationalbibliothek verzeichnet diese
Publikation in der Deutschen Nationalbibliografie

Detaillierte bibliografische Daten sind im Internet
über http://dnb.d-nb.de abrufbar

© 2020 Felix Beukemann

Korrektur: Linda Beukemann

Herstellung und Verlag:
Books on Demand, Norderstedt

ISBN 978-3-7519-3552-4

INHALT

FILLOMINO - DIE REGELN

Die freien Felder des Rätsels werden so mit Zahlen gefüllt, dass (über gemeinsame Kanten) zusammenhängende Bereiche mit Kästchen gleicher Zahl entstehen, die aus so vielen Kästchen bestehen, wie die jeweilige Zahl vorgibt. Zwei Bereiche mit gleichem Zahlenwert dürfen nicht mit einer gemeinsamen Kante, wohl aber mit gemeinsamer Ecke aneinander grenzen.

Oder etwas einfacher formuliert: Die freien Felder des Rätsels sind so zu füllen, dass folgendes gilt: 1er-Felder dürfen nicht neben 1er-Feldern stehen, genau zwei benachbarte 2er-Felder bilden einen 2er-Bereich, ein 3er-Bereich besteht aus exakt drei zusammenhängenden 3er-

Feldern, ein 4er-Bereich aus vier zusammenhängen- den 4er-Feldern usw..

Beispiel:

Rätsel

3		3	3
		5	
5			
	2	5	

Lösung

3	1	3	3
3	3	5	3
5	5	5	2
2	2	5	2

Die 3er-Kästchen können nicht miteinander verbunden werden, weil sonst ein 4er-Bereich entstünde. Also müssen zwei 3er-Bereiche gebildet werden, die nur in einer Form Platz finden. Das freie Feld in der oberen Zeile erhält eine 1, weil ein 1er-Bereich entstanden ist. Der 5er-Bereich (bestehend aus fünf zusammenhängenden 5er-Feldern) ergibt sich fast automatisch. Unten links entsteht ein 2er-Bereich und auch unten rechts können die freien Felder nur mit "2" ausgefüllt werden.

Grid 1

4			3		
	2			3	
2			3		
			3		2
1	2			6	
			2		

Grid 2

	3		3		
		4		1	
	3		3	7	
	6				2
4		4			
		4		6	

Grid 3

5	4		4	2	
	3				
				2	1
		1			
			2		
5				1	

Grid 4

	1				
			4	2	
2			2	4	
		1			
	2			2	
			1		1

Grid 5

1					
	3		3		
			3		4
		2			3
	2	1		1	
			2		

Grid 6

		3			
3				3	
	2		3		1
	1			5	
2		2			1
			3		2

Grid 1

3		5			
		6		4	3
		5			
				2	
				1	

Grid 2

				2	
		3		3	
3		3		3	
			3		1
4	2			2	
		2			

Grid 3

1				2	
		1		3	
	5	3			
	4		3		
1		4		3	1
		2			

Grid 4

	4				
1				1	
3	3		3		
	4		3		2
	5		2		
	2				

Grid 5

	10				
			6	3	
			2		
	6		6		3
4		2			
1			2		

Grid 6

				3	
	4	3			
3			4		
		3		3	
	3			4	
	4		3		1

Grid 1

4		2		2	
	4	2			
2				4	5
	4				3
	7		4	2	
			1		

Grid 2

			2		3
	5	4		3	
1		5		5	3
			2		
			5		
3	3		5		

Grid 3

					4
	4	1		1	
5			1		
	2	1	4		4
1				4	
			1		2

Grid 4

	3		7		
7					
7			4	5	
	7			7	7
			4		7

Grid 5

		1			3
2				2	
1		3			
		4		4	3
	2		2		
	3		1		3

Grid 6

	1		3		1
		4		4	
2			1	2	
3		4			4
			4		

Grid 1

		4			
	4		4	4	2
1		2	3		
	1		4		
			5	1	
		2	3		

Grid 2

				1	
				3	
	3			2	
5	5				5
			3	2	
	4		5		

Grid 3

			3		
	2	4			3
			4		
2		8		4	
					3
	2		2	1	

Grid 4

			2		
1		4			1
	4			3	
		5	4		
		4			1
1			2		

Grid 5

1	4		4		
		4		4	
	4		4		
		4			4
4	3			4	
	4	4			4

Grid 6

	3		3		
2			2	3	
	3				3
2		3		3	
	3		3		2
		3			

Grid 1

1		5			
4			4	5	
		1	5		
					2
			2		5
		2			

Grid 2

		4	2		1
4				1	
	4			3	
3					
		3	5	3	6
3		2			

Grid 3

			2		
	4			4	1
2			2		4
	4		3		
3	4	3		4	1
		2		2	

Grid 4

	2				
			2		
	2		14		2
			2		
	3			2	
		2			

Grid 5

	4			6	5
1			4		
		3			
	2			1	2
1		3	4		

Grid 6

			3		1
	2	7			
	5		3		
	3		1		
	2			6	
			3		

	2			2	
2			5		
	1	5			2
5			2		1
2			5		
		2			2

2					
			2		8
	1			2	
2			1		
	1	3		3	1
	2				

	1			2	
	4		2		
4				1	
4	2	1			
	2	4			4
		1			1

		3		1	
1		5		3	
	5		5		
		5		3	
2		2		3	
		1			

			5		5
	4				
3		4	4		2
	1	4	1		
				3	
1					3

	1		1		
			3	4	
4		4			
1		6			6
	4			4	
		6		1	

Grid 1

		3			
		1	3		
2			4		
4		3			2
		4		3	
5			4		

Grid 2

				3	
1	2		4		
		7			2
1			2		
	7	2		3	
1				1	

Grid 3

	1			4	1
		3	3	4	
		2			1
2		5			4
	2				
	5			1	

Grid 4

4			2		1
	2				
4		4	5	2	
2				3	
	1	7	3	2	

Grid 5

	5	6	5		6
	6	1		6	
5					
5				6	

Grid 6

	3	2		3	
3					3
1		3		2	
	2		3		
3			2		3
	3			3	

	3				1
	2		2		
		3	3	2	4
1		2			
				4	
	4				

	1		1		
	2			1	
		6		2	
1		2			
			1	6	
	1	3			1

6	7		7	7	
5					
		5			6
		7	6	5	
5					

	4				4
		4			
			4		
	4		1		4
3		3			
	5			2	

		3			
	3		2	2	
4		3			3
				3	
	4		3		
1		3			

	3	2			
			1	2	
		3			
	3	1	3		7
7				7	7
1			2		

Grid 1

2				2	
	1	2	1		
					2
	2		2		
		2		3	
1				2	

Grid 2

				3	
3		4	3	2	
	4				
5				2	1
	1	5			
			3		

Grid 3

1					
	4		4	3	4
		3			
	4				3
			3	4	
	3				

Grid 4

		4			
8				8	4
		4			
	5		8	5	
					4
					4

Grid 5

	1			4	
	2		1		
	3			2	
				1	
4	2				1
			1	3	

Grid 6

			1		1
	4		4		
3	2				1
		3	2	3	
5					2
	3		3		

Grid 1

	2				
	1		4		4
		5	4	1	
4				5	
1		3			
		2			

Grid 2

					1
3	2			3	
		3	3		
3					3
	2			2	
		2			

Grid 3

		1			
		2		3	
3	1		3		3
		3		3	
	3	1			1
3			3		

Grid 4

	1				4
		13	2	4	2
		2			
			2	4	
2					

Grid 5

	2			2	
		3		3	
3			6	4	
	2		3		
		8			

Grid 6

		4	3		
	2				
4				4	2
	2	4	5		
			3	2	
	3				

Grid 1

3	4			4	
				2	
3				3	
				3	4
2		1			
4			1		5

Grid 2

	2				
				4	
2	1	2	3	5	
2		3		1	
				3	

Grid 3

1		4			1
		2			
	2			2	
1		3		3	
			3		
	2			1	

Grid 4

1					
			4	3	
			3	4	
	3	4			1
	4	3			
			1		1

Grid 5

2					2
	3		2	3	
			4	2	
1		2			
			4		2
2			2		

Grid 6

1		3			1
				3	
3		4	5		
		5	6	6	3
	1			3	

			1		
1	2				2
		1	2		
2	1	2	1		2
			2		

	3			4	
					1
	3	3		2	
3			3		
3		1	3	2	2
					4

1					
	5				5
	3		2		
3		2		1	3
			3		
	3			1	

			3		
	7	2	4		3
				2	
		3		4	
3			3		3
				4	

		3			
3				1	3
			3		
	3				
				3	
		3			

	4		1		4
			4		
	4	1			4
			4	3	
3	4				4
			4		1

Grid 1

		2		2	
	3	6		1	
	5	6			
	3	2	4	2	5
	1				

Grid 2

1			3	3	
2		5			
	5		5	2	
	2	5			
					4
5		4			

Grid 3

			5	2	
	2			4	
			4		
3		1		4	
	3			2	

Grid 4

6					6
	1			5	
	3		4		
3		3			
	2		4		
1					

Grid 5

	3	3			1
			3		
	3			1	2
			3		
	9	3			3
	3			3	

Grid 6

				2	1
		3	3		
	3				1
	3		4	5	
2				4	
1		1			5

Grid 1

	4				
4				4	
12		4		4	
					4
		4		4	
4			4		

Grid 2

2	6			2	1
	5	1			
			6	1	2
	2			2	1
	1				

Grid 3

		2			
1				2	4
	3				
	3	2	1		
			3		3
1					3

Grid 4

1					1
		3		3	
1	3		3		
3				3	
		2			2
	3				

Grid 5

			1		
				3	
	5	3			1
3	5		4	5	
2			3		5
1					

Grid 6

		3			
3				2	
			2		3
	3			3	
1			2		
			4	4	

Seite 6

4	4	4	3	3	6	1	3	3	3	7	7
4	2	2	1	3	6	4	4	4	4	1	7
2	4	4	3	6	6	2	3	3	3	7	7
2	4	4	3	6	2	2	6	6	6	7	2
1	2	2	3	6	2	4	4	4	6	7	2
3	3	3	2	2	1	2	2	4	6	6	1

5	4	4	4	2	2	5	1	4	4	2	4
5	3	4	3	3	3	5	5	4	4	2	4
5	3	3	2	2	1	2	5	2	2	4	4
5	5	1	5	5	5	2	5	1	3	2	3
2	2	5	2	2	5	3	2	2	3	2	3
5	5	5	5	1	5	3	3	1	3	1	3

1	2	2	3	4	4	3	1	3	3	1	2
2	3	1	3	5	4	3	2	3	1	3	2
2	3	2	3	5	4	3	2	5	3	3	1
1	3	2	5	5	3	2	1	5	5	5	5
2	2	1	5	1	3	2	3	2	3	3	1
3	3	3	2	2	3	3	3	2	3	2	2

Seite 7

5	5	5	4	4	3	3	2	3	1	2	2
3	5	5	7	4	3	3	2	3	2	3	1
3	6	6	7	4	3	3	1	3	2	3	3
3	6	5	7	7	7	4	2	1	3	2	1
6	6	5	2	2	7	4	2	3	3	2	3
6	5	5	5	1	7	4	4	2	2	3	3

1	4	4	4	2	2	4	4	4	4	3	3
5	5	1	4	3	3	1	3	2	2	1	3
5	5	3	3	1	3	3	3	4	3	3	2
5	4	4	3	2	2	4	4	4	3	1	2
1	3	4	4	3	1	5	5	5	2	2	3
3	3	2	2	3	3	2	2	5	5	3	3

10	10	10	10	10	10	3	1	3	1	3	3
10	10	6	6	6	3	3	4	3	3	1	3
10	6	6	2	2	3	3	4	4	3	3	1
10	6	2	6	6	3	4	3	3	1	3	3
4	4	2	6	6	6	4	3	4	4	4	4
1	4	4	2	2	6	4	4	3	3	3	1

Seite 8

1	2	2	6	6	6	4	4	4	2	2	1
4	1	3	3	3	6	4	2	2	1	5	5
4	3	4	4	2	6	1	4	4	2	2	5
4	3	4	4	2	6	3	4	1	4	5	5
4	3	2	2	6	2	3	4	2	4	4	4
6	6	6	6	6	2	3	1	2	3	3	3

1	5	5	5	2	2	4	1	4	4	4	3
5	1	5	5	3	1	4	3	3	4	3	3
5	2	2	1	3	2	4	3	5	5	5	5
5	1	5	5	3	2	4	2	6	3	3	5
5	2	5	2	2	3	3	2	6	3	2	2
5	2	5	5	3	3	3	3	6	6	6	6

2	2	3	7	1	7	4	4	7	4	4	4
4	1	3	7	7	7	4	4	7	4	7	7
4	2	3	2	7	2	2	2	7	7	7	4
4	2	1	2	7	2	4	4	4	4	1	4
4	1	3	3	1	3	7	7	7	7	7	4
2	2	3	1	3	3	7	2	2	7	1	4

Seite 9

4	4	2	5	2	2	4	4	4	2	3	3
4	4	2	5	5	5	5	5	4	2	3	1
2	2	7	7	4	5	1	5	5	1	5	3
4	4	7	4	4	3	4	5	2	2	5	3
4	7	7	4	2	3	4	4	4	5	5	3
4	7	7	1	2	3	3	3	3	5	2	2

4	4	4	3	3	4	3	3	3	7	5	5
5	4	1	3	1	4	7	7	7	7	5	5
5	5	5	1	2	4	7	1	7	4	5	7
5	2	1	4	2	4	1	7	1	4	7	7
1	2	4	4	4	1	7	7	7	4	7	7
3	3	3	1	2	2	7	7	7	4	7	7

2	4	1	3	3	3	3	3	4	4	2	2
2	4	4	4	2	2	3	1	4	3	3	1
1	3	3	3	4	1	2	3	4	3	4	4
4	4	4	2	4	3	2	3	3	1	2	4
2	2	4	2	4	3	3	1	4	4	2	4
3	3	3	1	4	3	3	3	1	4	4	1

4	1	4	4	1	2	5	3	2	3	1	5
4	4	1	4	4	2	5	3	2	3	3	5
1	4	2	3	3	3	5	3	1	2	2	5
5	1	2	4	4	4	5	5	3	3	5	5
5	5	5	5	1	4	4	4	5	3	2	2
1	2	2	3	3	3	4	4	5	5	5	5

4	4	4	3	3	1	3	3	2	2	5	5
2	2	4	3	1	3	1	3	4	5	5	1
8	8	8	4	3	3	4	4	4	5	3	3
2	2	8	4	4	4	1	5	5	4	4	3
8	8	8	2	3	3	5	5	4	4	3	1
2	2	8	2	1	3	1	5	2	2	3	3

1	4	4	4	2	2	1	3	3	3	2	2
2	2	4	1	4	4	2	2	1	2	3	3
4	4	1	4	4	1	1	3	3	2	1	3
1	4	4	2	2	4	2	1	3	1	3	2
4	3	3	3	4	4	2	3	1	3	3	2
4	4	4	2	2	4	1	3	3	2	2	1

Seite 10

1	5	5	4	4	5	4	4	4	2	2	1
4	5	4	4	5	5	4	1	5	5	1	6
4	5	1	5	5	2	1	4	3	5	3	6
4	5	3	2	1	2	3	4	3	5	3	6
4	3	3	2	5	5	3	4	3	5	3	6
1	2	2	5	5	5	3	4	2	2	6	6

4	4	2	2	4	4	2	2	14	2	14	14
4	4	1	4	4	1	14	14	14	2	14	2
2	2	4	2	2	4	2	2	14	14	14	2
3	4	4	3	4	4	4	4	2	2	14	14
3	4	3	3	4	1	4	3	3	3	2	14
3	2	2	1	2	2	4	2	2	1	2	14

2	6	6	6	6	6	5	2	3	3	3	1
2	4	4	4	6	5	5	2	7	7	7	7
1	5	5	4	5	5	5	5	5	3	3	7
5	5	3	5	5	2	3	3	3	1	3	7
5	2	3	4	1	2	2	2	6	6	6	7
1	2	3	4	4	4	6	6	6	3	3	3

Seite 11

1	2	2	1	2	2	2	2	8	8	8	8
2	5	5	5	5	1	3	3	2	2	8	8
2	1	5	1	2	2	3	1	4	4	2	8
5	5	2	2	3	1	2	4	4	1	2	8
2	5	5	5	3	2	2	1	3	3	3	1
2	1	2	2	3	2	1	2	2	1	2	2

2	1	3	1	2	2	3	3	3	2	1	3
2	4	3	2	6	6	1	5	5	2	3	3
4	4	3	2	1	6	5	5	1	5	5	5
4	2	1	6	6	6	5	3	5	5	3	3
3	2	4	4	4	4	2	3	2	2	3	4
3	3	1	2	2	1	2	3	1	4	4	4

4	4	5	5	5	5	4	1	3	1	6	6
4	4	5	6	6	2	4	4	3	3	4	6
3	3	4	4	6	2	4	6	4	4	4	6
3	1	4	1	6	6	1	6	6	1	6	6
6	6	4	6	3	6	4	4	6	4	4	4
1	6	6	6	3	3	4	4	6	6	1	4

Seite 12

24

3	3	3	1	3	1	3	3	3	4	3	3
2	4	1	3	3	4	1	2	2	4	3	2
2	4	3	4	4	4	7	7	7	4	4	2
4	4	3	3	2	2	1	7	1	2	2	1
5	5	4	4	3	3	7	7	2	3	3	2
5	5	5	4	4	3	1	7	2	3	1	2

4	1	3	4	4	1	4	4	2	2	5	1
4	4	3	3	4	4	4	2	4	5	5	5
2	4	2	2	5	1	4	2	4	5	2	2
2	5	5	5	5	4	2	4	4	3	3	1
5	2	2	1	4	4	2	1	7	3	2	2
5	5	5	5	1	4	7	7	7	7	7	7

5	5	6	6	6	6	3	3	2	2	3	3
5	5	6	5	5	6	3	4	4	4	2	3
5	6	1	5	6	1	1	4	3	3	2	4
6	6	5	5	6	6	2	2	4	3	4	4
5	6	6	6	1	6	3	4	4	2	4	3
5	5	5	5	6	6	3	3	4	2	3	3

Seite 13

5	4	4	3	3	1	4	2	2	4	4	1
5	4	4	3	1	3	4	4	4	1	4	2
5	6	6	6	3	3	6	6	6	3	4	2
5	6	1	6	2	2	3	4	6	3	3	1
5	6	2	2	4	4	3	4	6	6	2	2
2	2	1	4	4	1	3	4	4	3	3	3

3	3	3	2	3	1	3	1	3	1	3	3
2	2	1	2	3	3	3	2	3	3	1	3
5	5	3	3	2	4	3	2	6	6	2	2
1	5	2	3	2	4	1	4	2	6	6	1
5	5	2	1	4	4	4	4	2	1	6	6
4	4	4	4	2	2	4	1	3	3	3	1

4	1	5	5	2	5	2	3	2	3	1	2
4	4	4	5	2	5	2	3	2	3	3	2
2	2	5	5	3	5	1	3	1	2	2	1
4	4	4	2	3	5	2	2	3	3	4	3
4	2	1	2	3	5	3	1	2	3	4	3
1	2	4	4	4	4	3	3	2	4	4	3

6	6	6	6	7	7	4	4	1	4	4	4
6	7	6	7	7	7	1	4	4	2	2	4
5	7	7	5	7	7	4	2	2	4	4	1
5	7	5	5	5	6	4	4	4	1	4	4
5	7	7	6	5	6	3	3	3	5	5	1
5	5	7	6	6	6	1	5	5	5	2	2

1	11	4	4	4	2	1	2	3	3	1	4
2	11	4	1	11	2	4	2	1	3	4	4
2	11	11	11	11	11	4	4	3	1	4	2
3	3	11	2	3	1	4	3	3	4	1	2
3	2	11	2	3	2	3	2	2	4	3	3
1	2	11	1	3	2	3	3	4	4	1	3

4	3	3	4	4	4	3	3	2	3	3	3
4	3	1	2	2	4	3	1	2	1	2	2
4	4	3	3	1	3	7	3	3	7	7	7
2	2	3	1	3	3	7	3	1	3	3	7
4	4	4	3	4	4	7	7	7	3	7	7
1	4	3	3	4	4	1	7	7	2	2	7

2	2	1	2	2	1	3	3	4	3	3	3
3	1	2	1	3	2	3	4	4	3	2	2
3	3	2	3	3	2	5	4	6	6	6	6
2	2	1	2	2	1	5	6	6	2	2	1
3	3	2	3	3	3	5	1	5	5	5	5
1	3	2	1	2	2	5	5	3	3	3	5

2	2	5	5	5	1	3	3	1	3	3	1
4	1	5	4	4	4	3	2	2	1	3	2
4	4	5	4	1	5	1	3	3	3	1	2
4	6	6	6	5	5	3	2	4	4	2	3
1	6	3	3	3	5	3	2	4	4	2	3
6	6	2	2	1	5	3	1	2	2	1	3

1	2	2	3	3	4	4	4	4	4	8	4
4	4	4	4	3	4	8	8	8	8	8	4
3	3	3	1	4	4	4	4	4	8	4	4
4	4	4	3	1	3	5	5	4	8	5	5
3	4	3	3	4	3	5	1	5	5	5	4
3	3	4	4	4	3	5	5	1	4	4	4

2	2	1	3	3	2	13	13	13	4	4	4
3	3	2	2	3	2	13	1	13	2	1	4
3	1	3	3	1	3	13	13	13	2	4	2
2	2	3	1	3	3	13	2	2	4	4	2
3	3	1	2	2	1	13	13	13	2	4	3
3	2	2	3	3	3	2	2	13	2	3	3

8	1	4	4	4	4	4	4	4	1	4	1
8	2	2	1	2	3	3	4	3	4	4	4
8	3	3	3	2	3	3	2	3	2	3	1
8	8	8	8	1	3	3	2	3	2	3	3
4	2	2	8	3	1	5	5	5	5	5	2
4	4	4	1	3	3	1	3	3	3	1	2

8	2	3	6	6	6	4	2	4	3	4	4
8	2	3	6	2	2	4	2	4	3	4	2
8	8	3	6	3	3	4	1	4	3	4	2
3	8	8	6	4	3	4	2	4	5	5	5
3	2	8	3	4	4	3	2	3	3	2	5
3	2	8	3	3	4	3	3	1	3	2	5

```
3 4 4 4 4 1 | 1 2 2 1 5 5     3 3 3 1 3 2 | 3 3 2 2 4 4
3 6 6 2 2 4 | 2 4 4 4 4 5     1 2 2 3 3 2 | 3 1 3 4 4 1
3 6 6 3 3 4 | 2 1 2 3 5 5     3 3 1 2 2 1 | 1 3 3 1 2 2
2 6 6 5 3 4 | 1 3 2 3 3 1     2 3 2 3 3 2 | 3 2 2 3 3 1
2 4 1 5 5 4 | 2 3 3 4 1 3     2 1 2 1 3 2 | 3 3 1 3 2 2
4 4 4 1 5 5 | 2 4 4 4 3 3     3 3 3 2 2 1 | 2 2 4 4 4 4

1 4 4 1 3 1 | 1 2 2 3 3 4     1 5 1 5 5 5 | 7 3 3 3 1 3
4 4 2 2 3 3 | 2 3 4 4 3 4     5 5 5 2 5 5 | 7 7 2 4 3 3
2 2 3 3 2 2 | 2 3 4 3 4 4     3 3 5 2 3 3 | 7 7 2 4 2 2
1 6 3 1 3 1 | 4 3 4 3 3 1     3 2 2 3 1 3 | 3 7 3 4 4 3
6 6 6 3 3 2 | 4 4 3 4 4 4     1 3 1 3 3 2 | 3 7 3 3 1 3
2 2 6 6 1 2 | 4 3 3 1 4 1     3 3 2 2 1 2 | 3 4 4 4 4 3

2 3 3 1 2 2 | 1 3 3 5 3 1     3 1 3 3 3 1 | 1 4 4 1 4 4
2 3 2 2 3 3 | 4 4 3 5 3 3     3 3 2 2 1 3 | 4 1 4 4 1 4
4 4 4 4 2 3 | 3 4 4 5 5 5     2 2 3 3 2 3 | 4 4 1 3 3 4
1 2 2 1 2 1 | 3 5 5 6 6 3     3 3 1 3 2 3 | 4 1 4 4 3 1
2 4 4 4 4 2 | 3 1 5 6 3 3     3 1 3 2 3 1 | 3 4 4 1 4 4
2 1 2 2 1 2 | 1 5 5 6 6 6     1 3 3 2 3 3 | 3 3 1 4 4 1
         Seite 18                        Seite 19

5 3 2 6 2 5 | 1 5 5 3 3 3     4 3 3 3 1 4 | 3 3 3 2 3 1
5 3 2 6 2 5 | 2 2 5 5 2 4     4 2 2 4 4 4 | 4 4 4 2 3 3
5 3 6 6 1 5 | 5 5 1 5 2 4     4 4 3 3 2 2 | 3 3 4 1 2 1
5 5 6 6 2 5 | 5 2 5 1 5 4     2 2 3 4 4 4 | 3 1 3 3 2 3
3 3 2 4 2 5 | 5 2 5 5 5 4     4 4 4 3 2 4 | 1 2 2 3 1 3
3 1 2 4 4 4 | 5 4 4 4 4 1     4 1 3 3 2 1 | 3 3 3 2 2 3

5 5 5 5 2 4 | 6 6 6 4 4 6     4 4 3 3 3 6 | 1 5 5 3 3 3
1 2 6 5 2 4 | 6 1 6 4 5 6     2 4 4 6 6 6 | 4 3 5 5 5 1
3 2 6 6 4 4 | 3 3 6 4 5 6     2 5 6 6 3 3 | 4 3 3 4 3 3
3 6 6 4 2 2 | 3 1 3 3 5 6     5 5 3 5 1 3 | 4 4 2 4 4 3
3 6 1 4 4 4 | 2 2 3 4 5 6     5 2 3 5 2 2 | 3 3 2 3 4 1
1 3 3 3 2 2 | 1 4 4 4 5 6     5 2 3 5 5 5 | 3 1 3 3 2 2

3 3 3 4 4 1 | 4 4 3 2 2 1     11 11 11 11 2 11 | 1 4 4 4 4 5
9 9 9 3 4 4 | 4 4 3 3 9 9     11 5 11 11 2 11 | 2 2 3 3 3 5
3 3 9 3 1 2 | 3 3 9 9 9 1     11 5 2 2 11 11 | 3 3 2 5 5 5
3 9 9 3 4 2 | 2 3 9 4 5 5     11 5 11 11 11 11 | 2 3 2 3 2 3
9 9 3 4 4 3 | 2 9 9 4 4 5     11 5 11 2 11 2 | 2 5 3 3 2 3
9 3 3 4 3 3 | 1 9 1 4 5 5     11 5 11 2 1 2 | 5 5 5 5 1 3
         Seite 20                        Seite 21
```

26

```
 4  4  4 12 12 12 | 2  1  6  6  6  6
 4 12 12 12  4 12 | 2  6  6  2  2  1
12 12  4 12  4  4 | 5  5  1  6  6  2
 4 12  4  4  1  4 | 5  2  6  6  1  2
 4 12  4  1  4  1 | 5  2  6  2  2  1
 4  4  1  4  4  4 | 5  1  6  3  3  3

 6  6  2  2  4  4 | 1  3  3  2  2  1
 1  6  6  6  2  4 | 2  2  3  1  3  3
 3  3  2  6  2  4 | 1  3  1  3  1  3
 4  3  2  1  4  3 | 3  3  2  3  3  2
 4  4  3  3  4  3 | 2  1  2  4  4  2
 1  4  3  4  4  3 | 2  3  3  3  4  4

 5  5  3  1  3  1 | 3  1  3  3  2  3
 3  5  3  4  3  3 | 3  3  1  3  2  3
 3  5  3  4  5  1 | 2  1  2  2  1  3
 3  5  4  4  5  5 | 2  3  3  1  3  1
 2  2  3  3  3  5 | 1  3  2  2  3  3
 1  4  4  4  4  5 | 2  2  4  4  4  4
```
Seite 22

weitere Rätselbücher:

FILLOMINO
100 Rätsel und 1 Spiel
Verlag: Books on Demand
ISBN-13: 9783837024784
€ 6,95

FUTOSHIKI
FILLOMINO
FUBINASHI
180 japanische Zahlenrätsel
Verlag: Books on Demand
ISBN-13: 9783844806793
€ 6,95